001

002

003

005

004

006

007

008

009

010

012

011

013

014

015

016

017

018

019

020

021

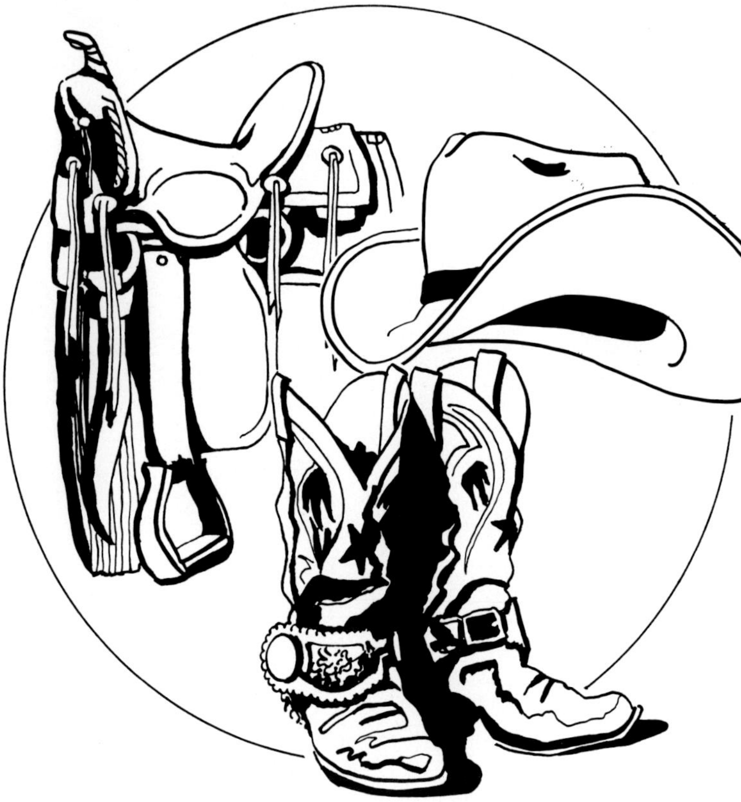

022

023

024

025

026

027

028

029

030

031

032

033

034

035

036

037

038

039

040

041

042

043

045

044

046

048

047

049

050

051

052

053

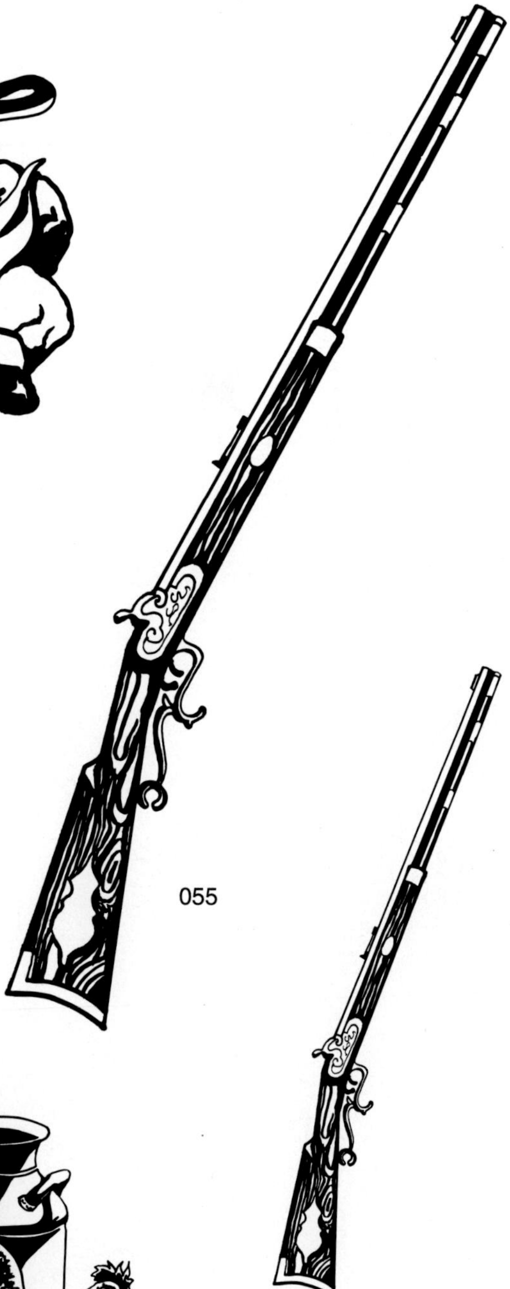

055

054

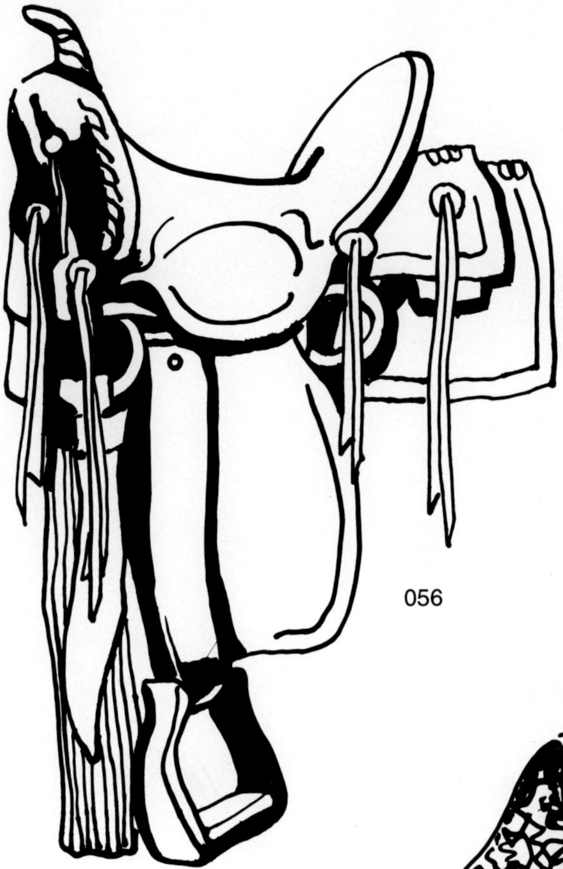

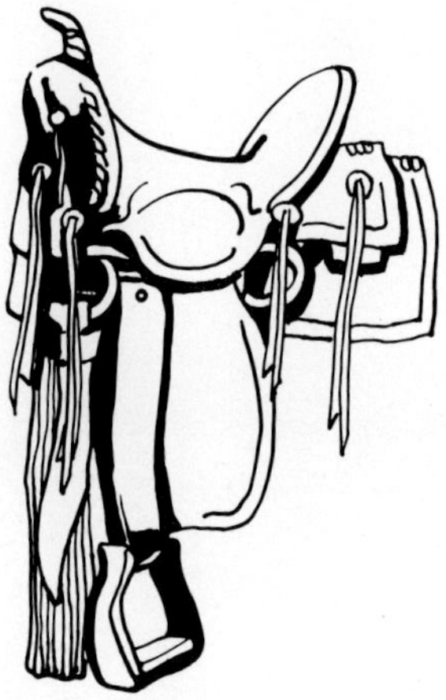

056

057

058

059

061

060

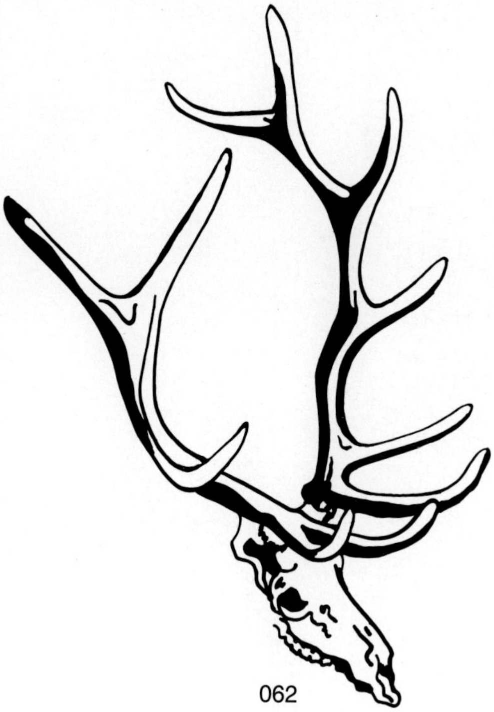

062

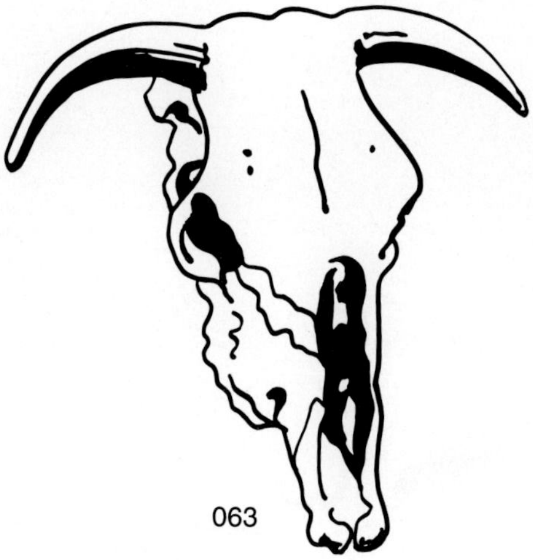

063

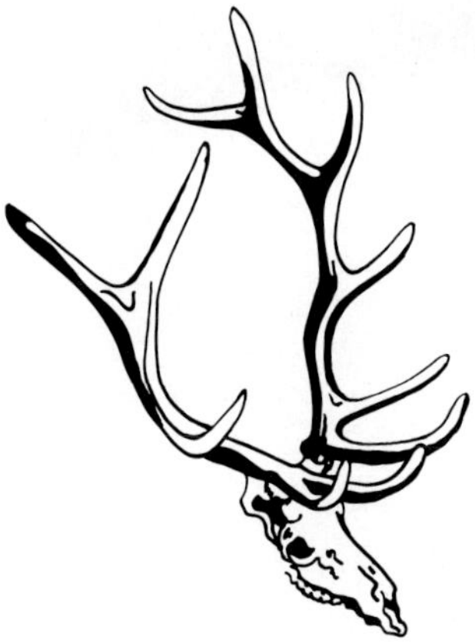

065

064

066

067

068

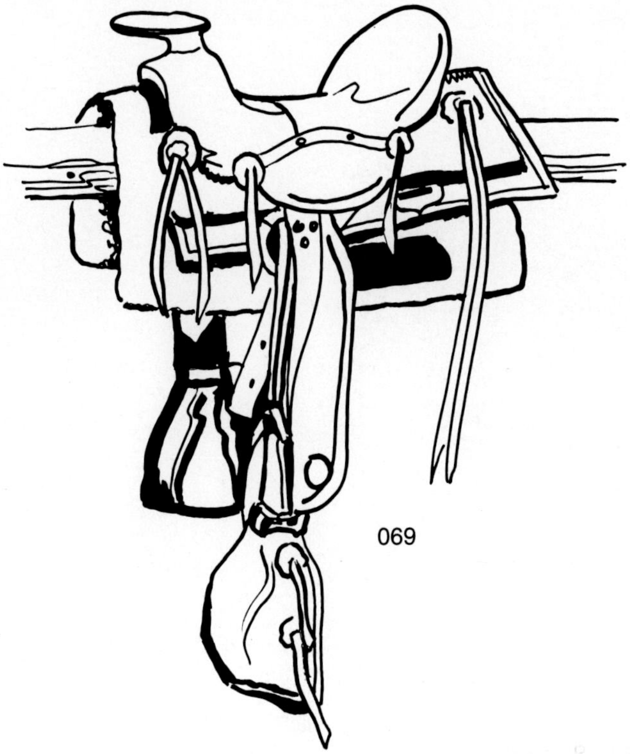

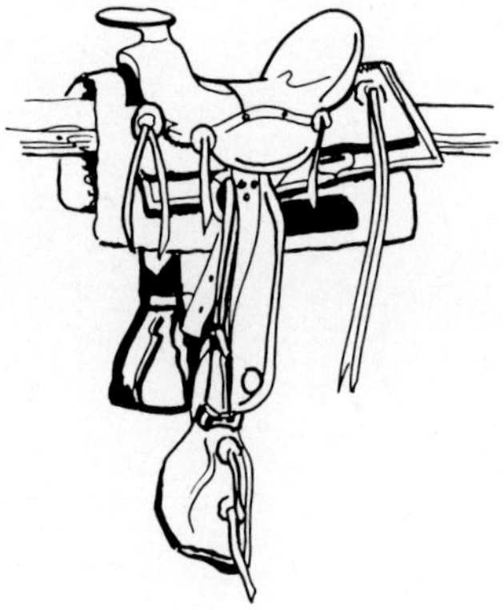

069

070

071

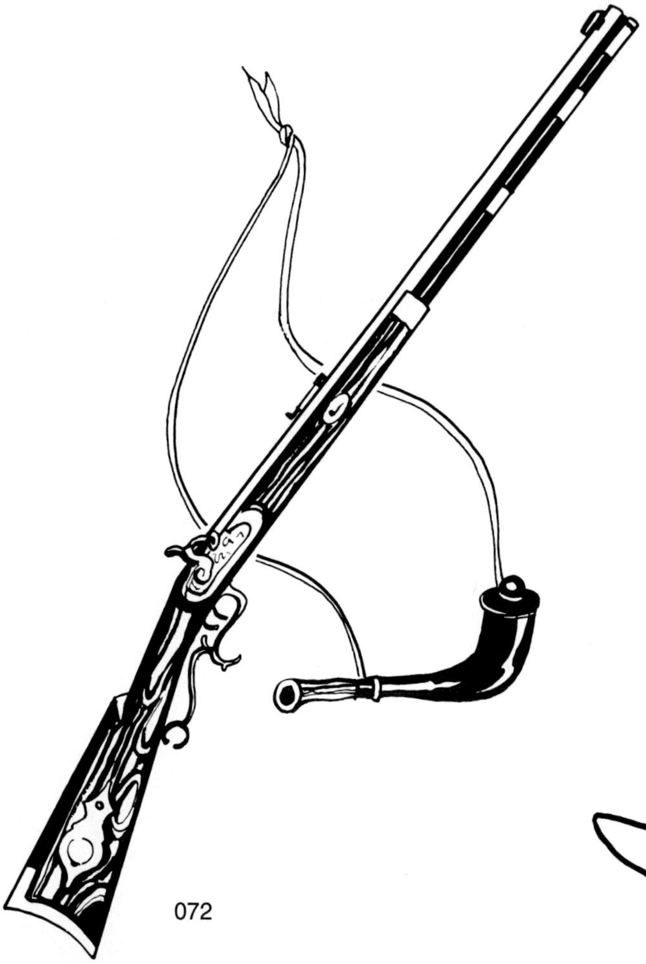

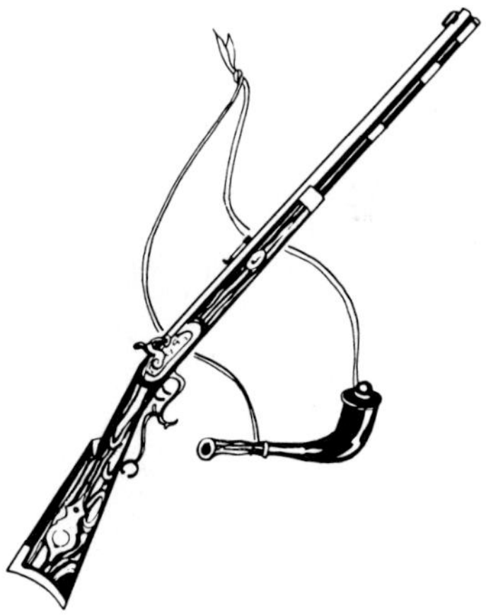

072

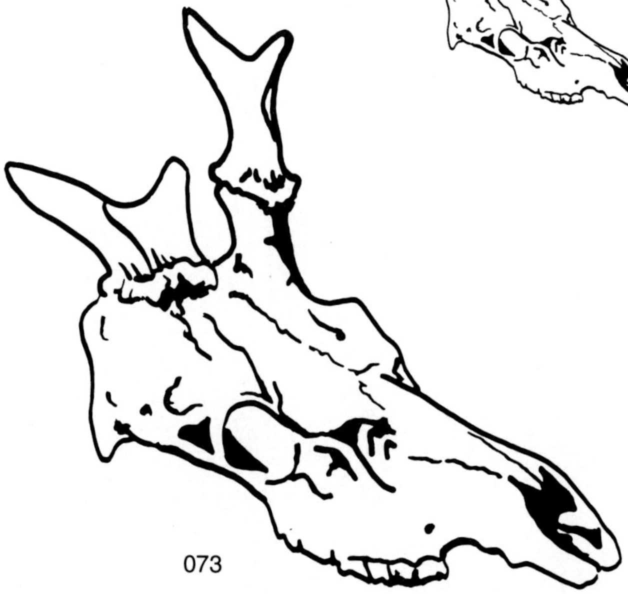

073

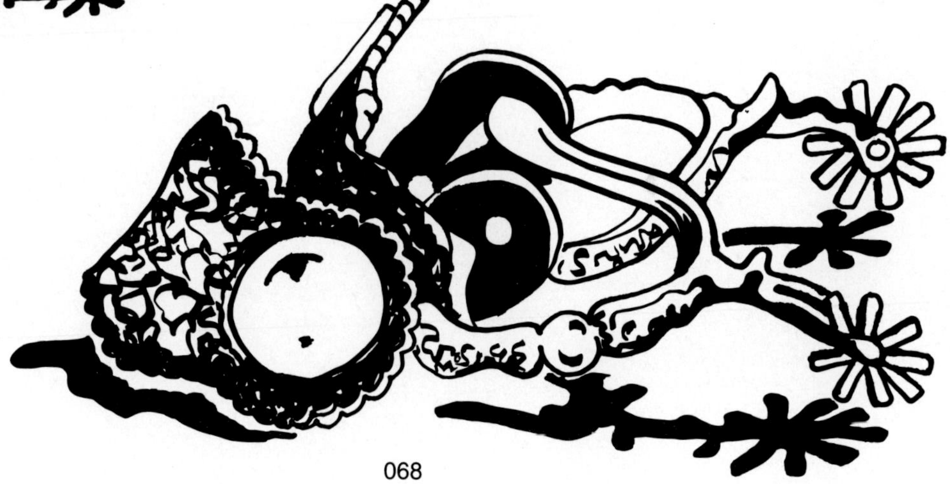

068

074

075

076

077

078

079

080

081

082

083

084

085

086

087

088

089

090

091

092

093

094

095

096

097

098

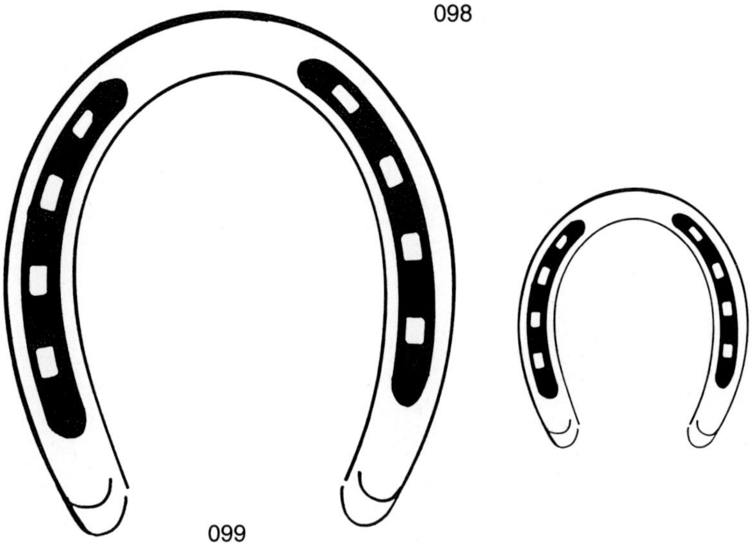

099

100

101